Welche Buchstaben stellen die Tiere dar?
Versuche, das Wort zu lesen, und schreibe es auf.

3
ABC
1
2

1

2

8

Findest du die versteckten Zahlen?

Spure sie farbig nach.

3
1
2
ABC

Ordne die Buchstaben der Größe nach, und trage sie unten in die Kästchen ein. Beginne mit dem größten Buchstaben. Wie heißt das Lösungswort?

3
1
ABC
2

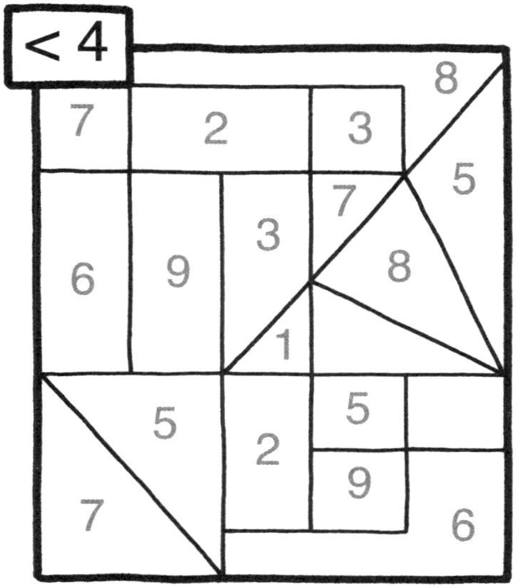

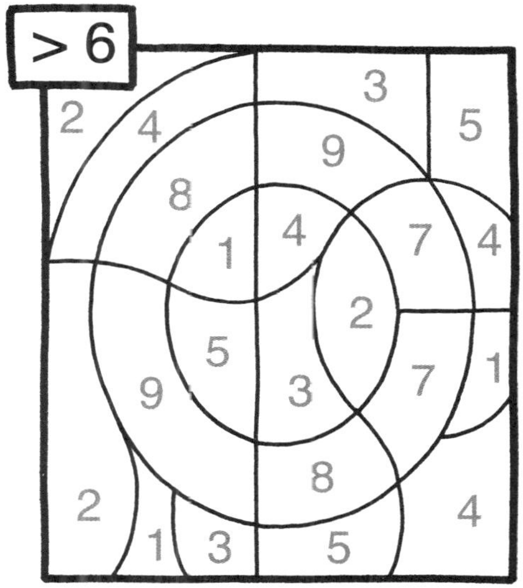

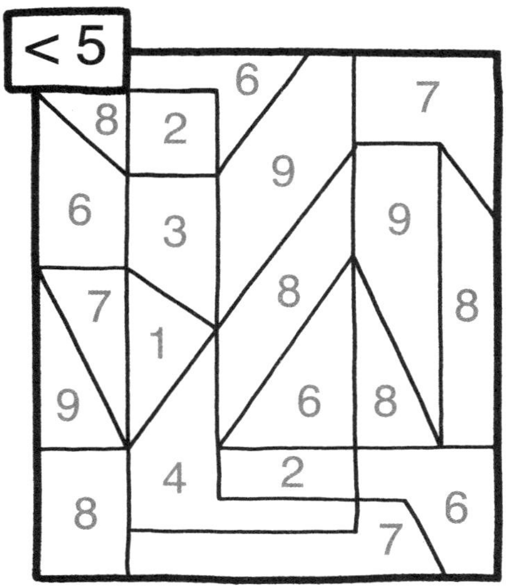

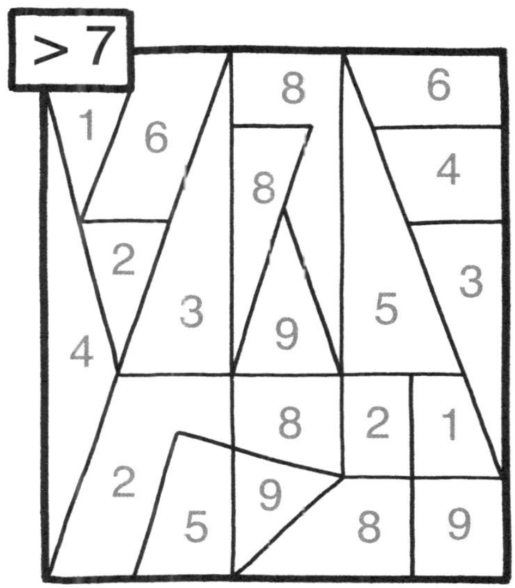

Male alle passenden Zahlenfelder aus.
< heißt kleiner als, > heißt: größer als.
Welches Wort entsteht dann?

3
1
2
ABC

Oli hat die Zahlenkombination für
sein Fahrradschloss vergessen. Kannst du ihm helfen?
Trage die richtigen Ergebnisse ein, dann weißt du den Code.

3
1
2
ABC

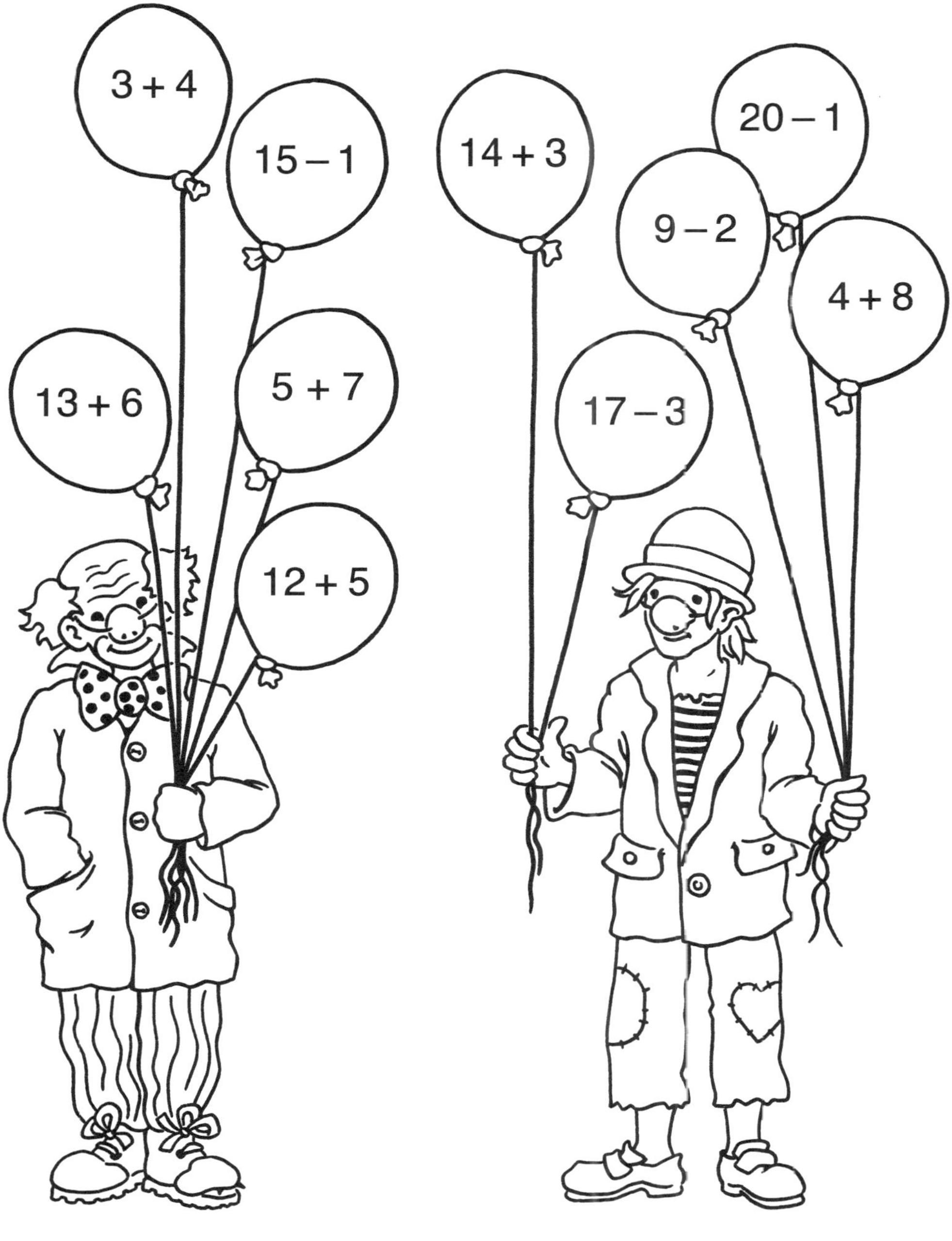

Immer zwei Luftballons haben dasselbe Ergebnis.
Kannst du sie in derselben Farbe anmalen?

3
1
2
ABC

					T	C	D	F			
A	B	C	D	E	B	D		E	G	W	B
D	G			F		L		I		T	
	H			G		K	L	M	N	I	O
T	M	J	L	H	I	J	I	N			P
J		I			K	L		O	P	K	Q
X	W	V	U	T	S	R	Q	P		S	R
Y	V		P				I			T	
Z			X	Y			S			U	
				Z							

Wohin will Jan?

Folge den Buchstaben des ABC, dann weißt du es.

3
1
2
ABC

Wo hörst du den Buchstaben: Anfang/Mitte/Ende?

Kreuze das passende Kästchen an.

3
1
ABC
2

Tina hat auf dem Markt eingekauft. Von welchen Früchten hat sie am meisten gekauft, von welchen am wenigsten? Schreibe die passende Rechenaufgabe dazu, und rechne aus.

3
1
ABC
2

Lies die Sätze. Male dazu, was fehlt.

3
1
2
ABC

Trage die richtigen Wörter ein.
Welches Lösungswort erhältst du dann?
Tipp: Es ist etwas, was du in der Schule lernst.

3
1
ABC
2

Wie oft liest du das Wort Maus, wie oft das Wort Haus?

Streiche durch und zähle.

3
1
ABC
2

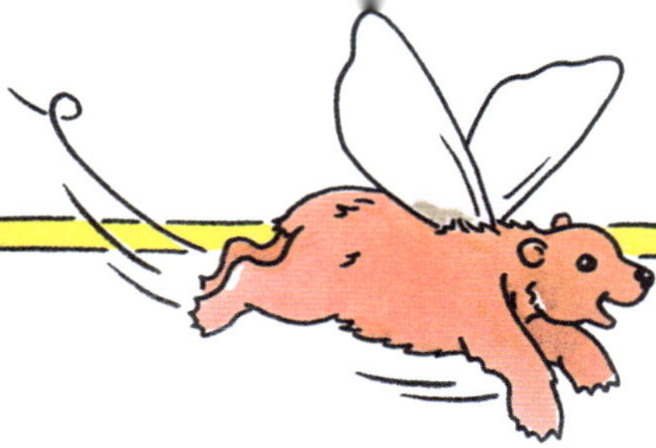

Der Tiger bellt.

Der Affe klettert.

Der Bär summt.

Der Hund erzählt einen Witz.

Die Katze schnurrt.

Die Schlange gibt Milch.

Der Hahn spielt Klavier.

Richtig oder falsch ?

Kreuze das richtige Kästchen an.

3
1
2
ABC

1	2		4		6	7	8		10
11		13	14		16	17	18		20
	22	23	24	25		27	28		30
31	32		34	35	36			39	40
41		43		45	46	47	48		50
	52	53	54	55	56			59	60
61	62	63		65			68	69	70
71		73	74	75		77	78		80
	82	83		85	86	87		89	90
91	92	93	94		96		98		100

Tina hat zum Geburtstag ein riesiges Geschenk bekommen.
Auf dem Geschenkpapier stehen viele Zahlen.
Kannst du die fehlenden Zahlen ergänzen?

ABC

Was passt zusammen? Verbinde die passenden Wörter.

Tipp: Die Bilder helfen dir.

3
1
ABC
2

Wie oft hat Tim seinen Anfangsbuchstaben gemalt?
Schau genau hin. Kreise die Buchstaben ein.
Spure Tims Namen über dem Bild nach.

3
1
2
ABC

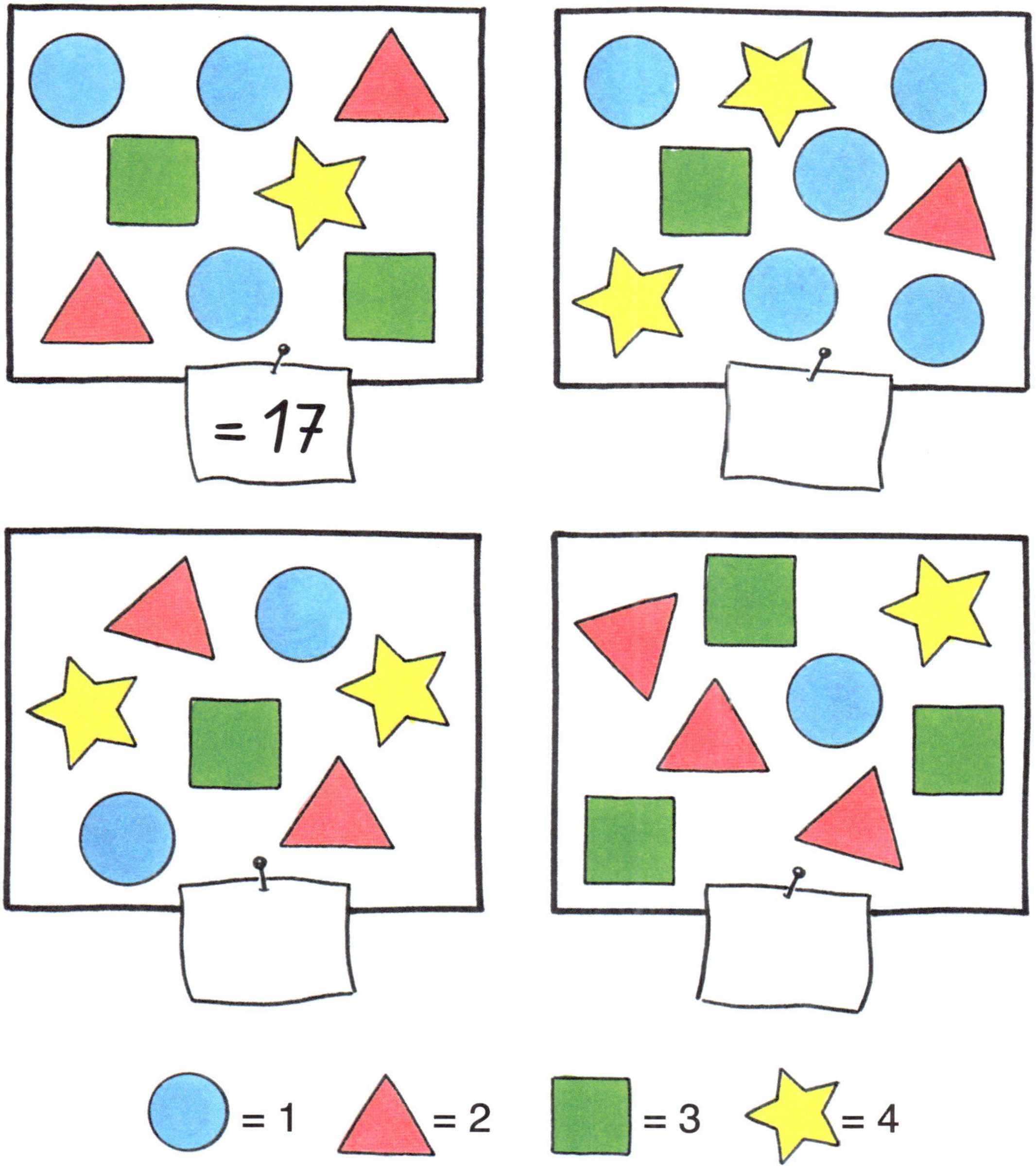

Jede Form steht für eine Zahl.
Zähle die Zahlen zusammen. Trage das Ergebnis ein.
Welches Kästchen hat das höchste Ergebnis? Male aus.

3
1
ABC
2

Die Tiere suchen die Buchstaben ihres Namens.
Kannst du ihnen helfen? Male die passenden Bälle bunt an.
Jedes Tier bekommt eine andere Farbe.

3
1
2
ABC

Zu welchem Burgfräulein will der Ritter?
Sie wohnt im Turm mit dem Ergebnis 20. Findest du sie?

3
1
ABC
2

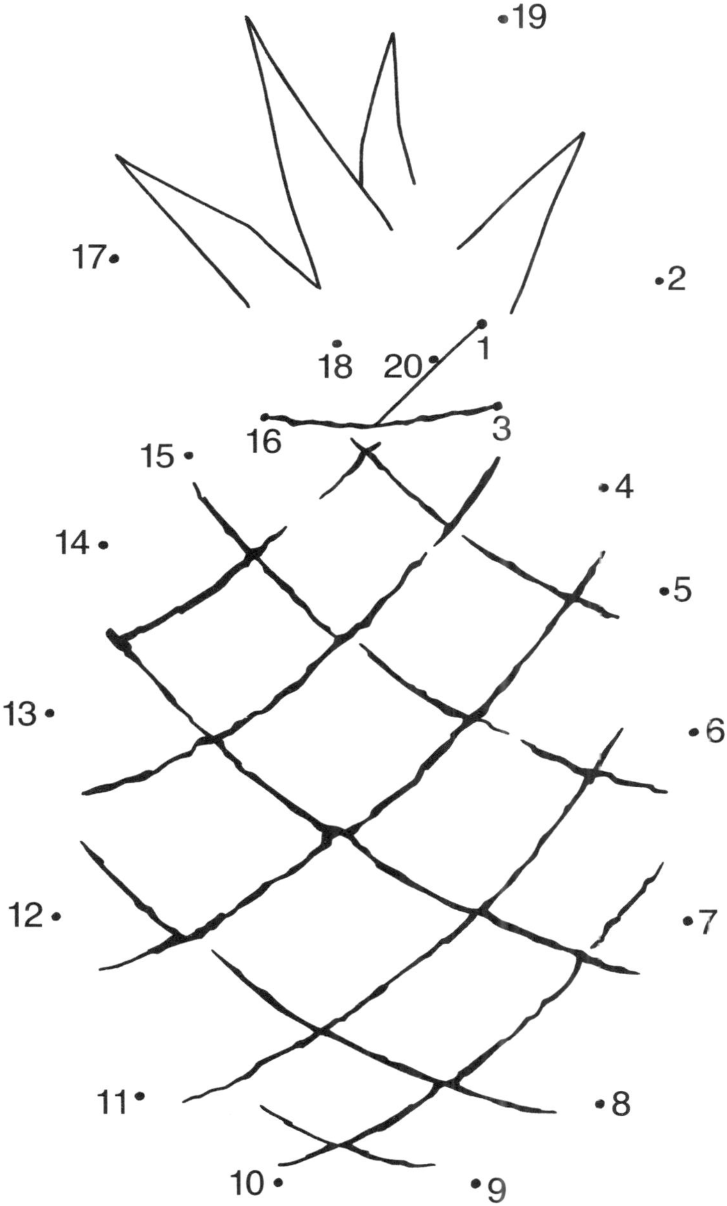

Verbinde die Punkte in der richtigen Reihenfolge.
Welche Frucht siehst du dann?

3
1
ABC
2

$8 - 3 =$

Schreibe die passende Rechenaufgabe dazu, und rechne aus.

3
1
ABC
2

Der Clown hat eine rote Nase und grüne Haare.
Er trägt eine schwarze Fliege, grüne Hosen,
braune Schuhe und einen gelben Hut.

Lies die Sätze. Kannst du den Clown richtig anmalen?

ABC

Sprich laut aus, was du siehst.

Welcher Buchstabe kommt in jedem Wort vor? Kreuze ihn an.

3
1
ABC
2

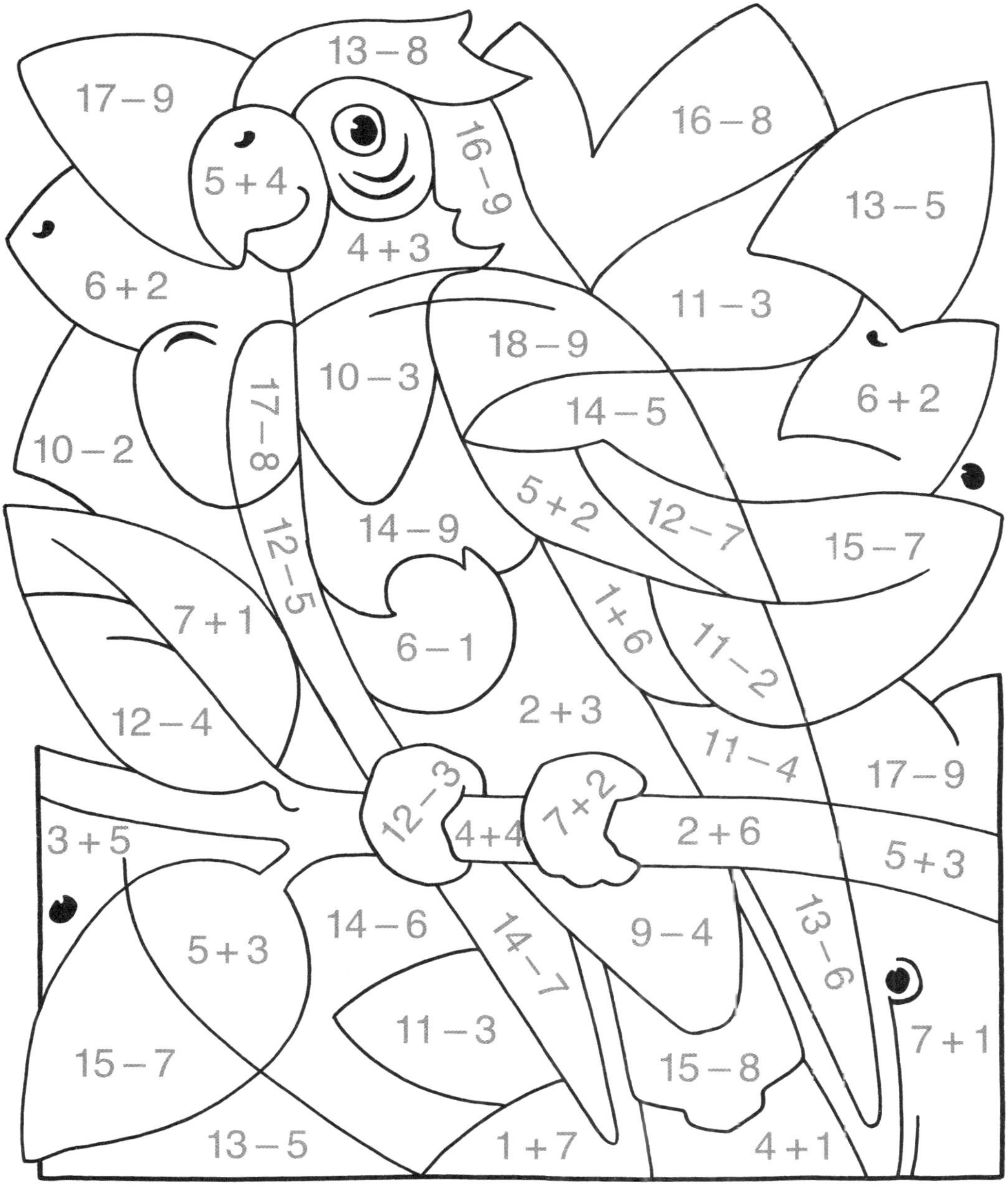

5 = Blau 7 = Rot 8 = Grün 9 = Gelb

Rechne die Aufgaben. Male die Felder richtig aus.

Was siehst du dann?

3
1
ABC
2

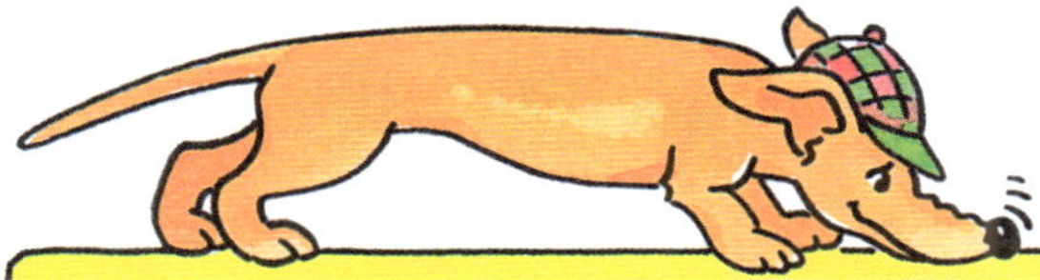

TISCH STIFT

MAUS ENTE

KATZE BIRNE

Welches Wort wird hier gesucht?
Streiche erst alle Wörter mit fünf Buchstaben durch.
Streiche dann das Wort durch, das sich auf HAUS reimt.
Welches Wort bleibt übrig? Schreibe es auf.

3
1
ABC
2

Immer derselbe Anfangsbuchstabe?
In jedem Kästchen hat sich ein falsches Bild versteckt.
Streiche es durch.

3
1
2
ABC

Es klapperten die Klapperschlangen,
bis ihre Klappern schlapper klangen.

Wenn Fliegen hinter Fliegen fliegen,
fliegen Fliegen Fliegen nach.

Lies die Zungenbrecher so schnell wie möglich.
Schaffst du es ohne Fehler?

3
1
2
ABC

Die Bären stellen sich zu einer Pyramide auf. Ergänze die Zahlen auf den T-Shirts. Zwei Zahlen zusammengerechnet ergeben die Zahl des darüberstehenden Bären.

3
1
ABC
2

Welche Rakete fliegt zu welchem Planeten?
Rechne aus und verbinde.

3
1
ABC
2

Verbinde die Punkte von A bis Z.
Was kannst du dann erkennen?

3
1
ABC
2

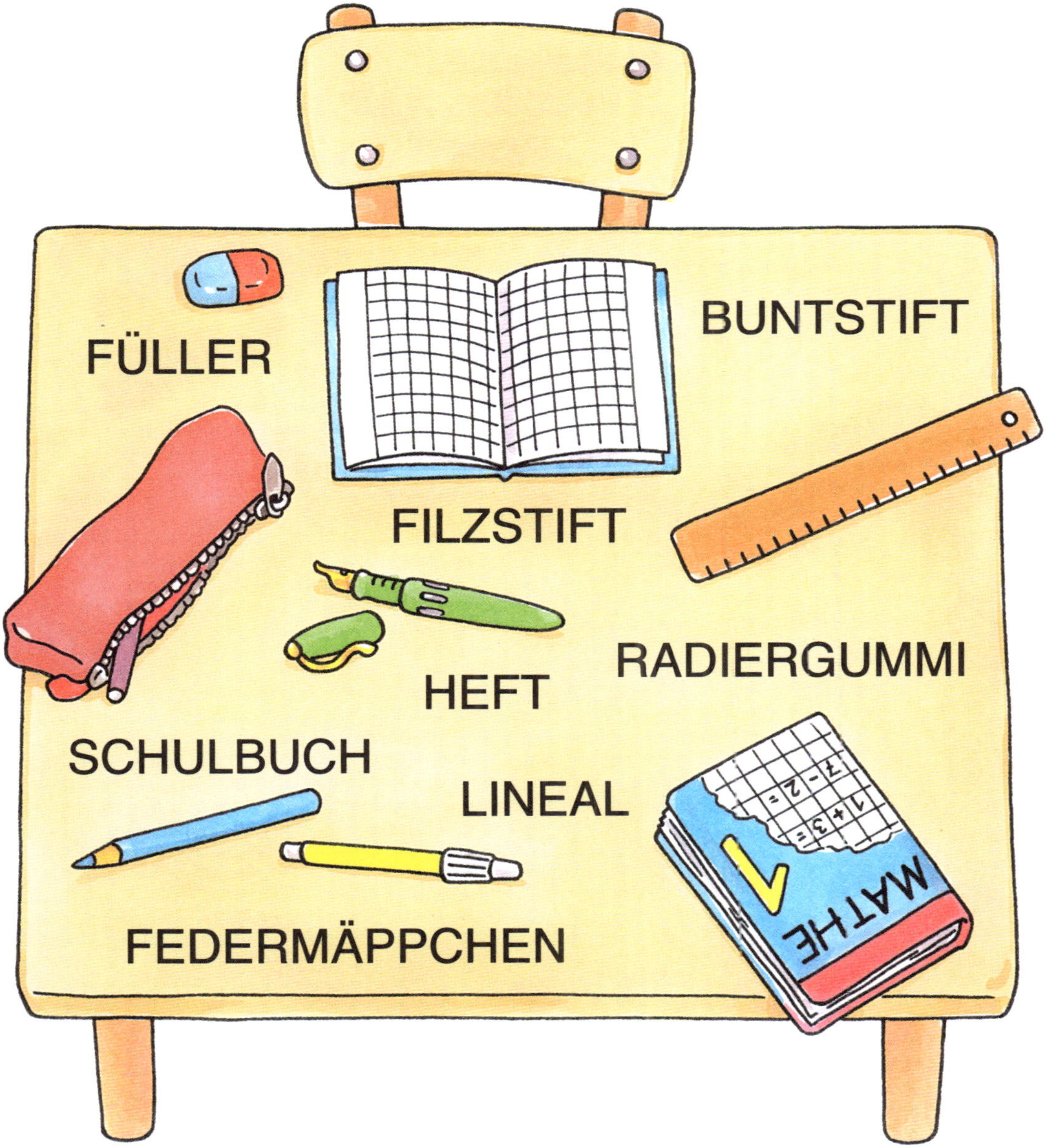

Verbinde jedes Wort mit dem passenden Gegenstand.

3
1
2
ABC

Der Bär feiert seinen Geburtstag. Zähle alle Zahlen zusammen, die du auf dem Bild entdecken kannst. Weißt du, wie alt der Bär wird? Schreibe die Lösung auf das Schild am Gartentor.

3
1
2
ABC

Die Schnecke ist langsam/schnell.

Der Elefant ist groß/klein.

Das Schwein ist rosa/bunt.

Die Maus ist grau/blau.

Die Tomate ist blau/rot.

Was ist richtig?
Umkreise in jedem Satz das passende Wort.

3
1
ABC
2

Rechne aus. Welche Katze hat die höchste Zahl?
Male sie an.

3
1
2
ABC

Welche Tasche gehört welchem Kind?
Vergleiche die Buchstaben und verbinde.

ABC

12

4	+	8
19	–	7
20		
3		
8		
17		
5		
1		
15		
18		
10		

Immer 12! Ergänze die Aufgaben richtig.

3
1
2
ABC

Die Frösche hüpfen auf die Seerosenblätter.
Kannst du die fehlenden Zahlen ergänzen?

3
1
ABC
2

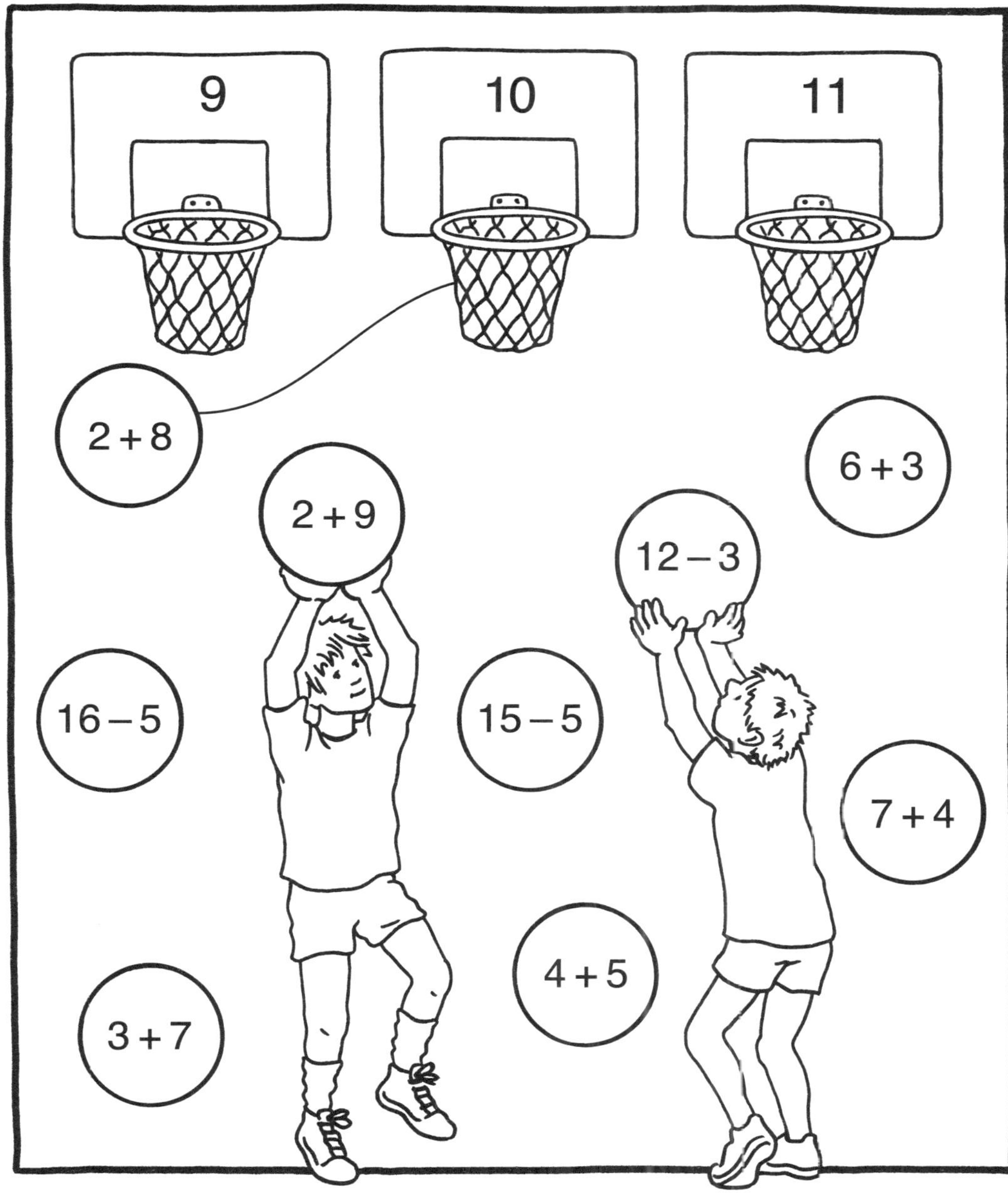

Welcher Ball trifft in welchen Korb? Verbinde.

3
1
2
ABC

Wo findest du die Dinge auf dem Bild?
Suche die richtige Zahl und den passenden Buchstaben
im Gitter, und schreibe sie hinter jedes Wort.

Gießkanne: D 3

Katze: ______

Maulwurf: ______

Kirschen: ______

Gelber Hut: ______

3
1
ABC
2

Kannst du die Wörter erkennen?

Schreibe Sie zu Ende.

Verbinde die Wörter mit dem richtigen Bild.

3
1
ABC
2